D1703392

VLM

Christine Brötzmann

Danke,
daß ich weinen kann

Verlag der
Liebenzeller Mission
Lahr

Die Deutsche Bibliothek – CIP-Einheitsaufnahme

Brötzmann, Christine:
Danke, daß ich weinen kann / Christine Brötzmann. – Bad Liebenzell :
Verl. der Liebenzeller Mission, 1996
   (Edition C : C ; 460 : Paperback)
   ISBN 3-88002-594-0
NE: Edition C / C

ISBN 3-88002-594-0

Edition C-Paperback 58 160 (C 460)
Alle Rechte vorbehalten, auch der auszugsweisen
Wiedergabe und Fotokopie
© 1996 by Edition VLM im Verlag der St.-Johannis-Druckerei
Zeichnungen Umschlag und Inhalt:
Christine Brötzmann, Tann
Gesamtherstellung:
St.-Johannis-Druckerei, 77922 Lahr
Printed in Germany   12340/1996

*Dieses Büchlein
widme ich in ganz besonderer Weise
all denen, die ein schweres Leid
in ihrem Leben zu tragen haben, denen,
die keinen Weg mehr wissen, keine Hoffnung
mehr haben und keinen Sinn in ihrem Dasein
mehr erkennen können. Es soll ein wenig Licht
in ihre Dunkelheit tragen.*

Liebe ... oder lieber ...,

so fangen viele Briefe an – und dahinter kommt dann der Name. Dieser Name steht für eine Person, und die Person muß man kennen, um sie anzusprechen und ihr schreiben zu können.

Ein Buch dagegen ist an viele Menschen gerichtet, und der oder die Verfasserin kennt die, die es lesen, meist nicht persönlich. So steht im Vorwort oft: »Liebe Leserin, lieber Leser!« Doch für dieses Büchlein ist mir das fast zu unpersönlich. Gern würde ich schreiben: »Liebe kranke und behinderte Freundin, lieber leidender und trauernder Freund!« Doch Sie würden zu Recht fragen: Wieso denn diese Anrede? Stehen wir uns denn nahe? Zu einer Freundschaft gehört doch, daß man sich kennt, und das tun wir nicht.

Dennoch würde ich am liebsten so schreiben, denn ich möchte Ihnen sagen, daß gerade Sie mir etwas bedeuten. Sie sind für mich nicht nur ein Leser, einer unter vielen, sondern ich fühle mich Ihnen verbunden. Als ein Mensch, der selbst das Leid in seinem Leben kennt, fühle ich mich all denen nahe, die ebenfalls eine schwere Last zu tragen haben, sei es Krankheit oder andere Not.

Ich schreibe nicht für irgendwen, sondern für Menschen, die vielleicht, wie ich es auch war, verzweifelt sind, traurig und niedergeschlagen, für jene, die ungelöste Fragen haben, die nach dem Sinn des Schweren suchen, das sie getroffen hat. Menschen, die wie ich kämpfen, hoffen und sich danach sehnen, daß jemand sie versteht. – Für Sie!

Wie kommen ich dazu, was habe ich zu sagen?

Immer wieder begegne ich anderen Kranken oder deren Angehörigen, Schwerbehinderten und Rollstuhlfahrern, Töchtern oder Schwiegertöchtern, die die Oma oder den Opa pflegen, Arbeitslosen oder Menschen, die einen lieben Angehörigen verloren haben, Verwitweten und In-Trennung-Lebenden. Meist ergibt sich ein kurzes Gespräch, und ich merke, wie gut es dem Gegenüber tut, einmal über die Belastung zu sprechen, die er trägt; zu fühlen: Die sitzt auch im Rollstuhl, die versteht, was ich meine! Oder man macht einen Besuch im Krankenhaus und gerät plötzlich in eine ernstere Unterhaltung. Fragen brechen auf.

Doch immer ist es nur eine kleine Zeit des Austausches, und das meiste bleibt unausgesprochen. So vieles hätte man dem anderen gerne noch gesagt – vom eigenen Glauben und von der Hoffnung, die man hat. Aber die Begegnung war zu kurz. So entstand in mir der Wunsch, das Ungesagte aufzuschreiben, um es dem, mit dem man in ein Gespräch kommt, mitzugeben und die Unterhaltung – wenn auch einseitig – noch etwas fortzusetzen.

Mut machen soll es – wie ein warmes Lächeln an einem kalten Wintermorgen. Hoffnung wecken soll es – denn ich will die Hoffnung weitergeben, die ich habe. Wenn dies gelingt, dann ist der Sinn dieses Büchleins erfüllt – und eine flüchtige Begegnung wurde vertieft.

                                    Herzlichst
                                    Ihre

                                    Christine Brötzmann

Aus meinem Leben

Wenn man ein Buch in der Hand hält, fragt man sich oft: Wer ist eigentlich der Verfasser? Was hat er erlebt? Wie kompetent ist er für dieses Thema, über das er schreibt?

In vielen Büchern hält sich der Autor im Hintergrund. Man weiß nichts von ihm persönlich. Das finde ich immer schade. Oft sind es auch gesunde Menschen, die wenig Schweres in ihrem Leben erfahren haben, die zum Thema »Leid« etwas sagen. Es kann sehr gut sein. Dennoch meine ich, es berührt einen Kranken ganz anders, wenn er weiß: Die, die hier schreibt, hat selbst sehr viel Belastung im Leben zu tragen. Sie weiß, wovon sie redet. Sie kann mich verstehen.

Darum möchte ich zuerst einen kurzen Einblick in mein Leben geben.

Ich wurde 1957 in einer Kleinstadt in Württemberg geboren. Ich war ein fröhliches, lebhaftes, ja quicklebendiges kleines Mädchen, das gerne turnte und ständig irgend jemandem seine Handstände, Spagat, Rollen und Überschläge vorführte. Noch schöner war es mit den Rollschuhen, auf dem Eis oder im Wasser. Doch mit dem achten Lebensjahr änderte sich alles für mich. Ich bekam Schmerzen an den Hüften und fing an zu hinken. Nach einem Unfall stellte sich heraus, daß ich eine schwere Hüfterkrankung, einen sogenannten »Perthes«, hatte. Für ein Jahr mußte ich in eine orthopädische Klinik, wo ich operiert wurde und dann Monat für Monat in einem Spreizgips lag. Dann bekam ich für eine lange Zeit eine Beinschiene und mußte mühsam wieder das Gehen lernen.

Von dieser Zeit an verließen mich die Schmerzen nie mehr. Trotzdem fühlte ich mich mit der Zeit gesund und heiratete nach der Mittleren Reife und der Ausbildung zur Arzthelferin im Dezember 1977 einen Industriekaufmann. Nach der Hochzeit und den Flitterwochen mußte ich mich einer erneuten Hüftoperation unterziehen, die nicht gut gelang, und ich mußte lange an Krückstöcken gehen. Mein rechtes Bein war von da an 4 cm kürzer.

Dennoch durfte ich zwei Jahre später meiner ersten Tochter das Leben schenken.

In dieser Zeit erkrankte ich an Sarkoidose, einer seltenen, kaum bekannten Krankheit, die viele schmerzhafte Untersuchungen und Klinikaufenthalte für mich mit sich brachte. Sarkoidose äußert sich durch eine charakteristische Zellanhäufung an den verschiedenen Organen, vor allem an den Lymphknoten und der Lunge. Dadurch werden die Organe in ihrer Funktion immer mehr eingeschränkt. Der Kranke fühlt sich, ähnlich wie bei einer Grippe, sehr müde und schlapp. Doch nicht nur für eine kurze, absehbare Zeit, sondern oft über Monate und Jahre. Ein wirksames Heilmittel gibt es bis heute nicht, da die Ursache der Krankheit nicht bekannt ist. Man kann nur durch Cortison das Zellwachstum des Bindegewebes einschränken. Doch dieses Mittel hat viele negative Nebenwirkungen.

Als es mir nach ein paar Jahren besserging – der Arzt hielt mich für gesund –, bekam ich meine zweite Tochter. Zunächst war ich unbeschreiblich glücklich. Ich war wieder gesund und hatte zwei ebenfalls gesunde Kinder. Doch ein paar Wochen später breitete sich die Sarkoidose noch mehr aus. Auch die Knochen und Gelenke, das Gehirn und das Zentralnervensystem waren nun betroffen. Ich hatte stets Schwindel und konnte immer weniger gehen. Schließlich brach ich zusammen.

Mein Mann hatte mich schon lange innerlich verlassen, 1988 tat er es auch äußerlich. Wir wurden geschieden. Das Sorgerecht für meine Kinder, die ich sehr liebe, bekam ich nach langem Kampf zugesprochen. Eine Liebenzeller Schwester, die mich schon lange auf meinem schweren Weg begleitete, nahm sich meiner an und versorgte mich und die Kinder bei sich. Ich selbst war dazu zu schwach. Wir zogen nach Tann in die wunderschöne Rhön, wo sie nur den halben Dienst in einer Landeskirchlichen Gemeinde machen muß und so mehr Zeit für mich und die Kinder hat.

Noch vor dem Umzug ging es mir schlechter, so daß ich ganz zum Liegen kam. Seit sieben Jahren bin ich nun ans Bett gebunden, habe stets große Schmerzen und kann mich nicht mehr aufrichten. Seit drei Jahren besitze ich einen elektrischen Rollstuhl, in dem ich liegend fahren kann. Dazu wurde mir eine Rampe vom 1. Stock ins Freie gebaut. (Ich erzähle davon in meinem Buch »Wunder auf meinem Weg«, erschienen im Verlag der Liebenzeller Mission, Lahr.)

Schwester Renate pflegt mich aufopfernd und versorgt meine jüngere Tochter. Die ältere lebt seit einiger Zeit in einer anderen Familie in der Nähe.

Dies ist mein Leben nach außen hin. Die Kämpfe und inneren Schmerzen, die dahinterstehen, können Sie sich, wenn Sie selbst krank sind und leiden, wenn Sie geschieden sind oder ein Kind verloren haben, sicher gut vorstellen. Sie werden in die Kapitel dieses Buches mit hineinfließen.

Plötzlich sind sie da: die Krankheit, mit der man nicht gerechnet hat, der Unfall, an den man nicht gedacht hat. Vielleicht eine Behinderung, von der man niemals annahm, daß sie einen selbst treffen könnte, vielleicht Arbeitslosigkeit, eine Scheidung oder der Tod eines Kindes. Hart und unerbittlich greift die Not in unser Leben ein – und verändert alles. Sie kehrt das Unterste zuoberst, macht das Wichtigste plötzlich bedeutungslos. Sie greift uns an wie ein Feind aus dem Hinterhalt.

Wir sind überrascht, bestürzt, sprachlos, unfähig, irgend etwas Logisches zu denken. Vielleicht sitzen wir einfach nur da, und unser Blick geht ins Leere. Die Worte des Arztes, seine Vermutungen, seine Diagnose, kreisen unaufhörlich in unseren Gedanken. Vielleicht tun wir etwas ganz Unsinniges, so wie ich es tat, als ich hörte, daß Schatten auf meiner Lunge seien und daß ich alles mögliche haben könnte: Krebs, Tuberkulose oder irgend etwas anderes. Ich ging nach Hause und saugte Staub. Wütend und verzweifelt putzte ich meine Wohnung, wie wenn ich alle »Schatten« in ihr aufsaugen wollte. Diese Schatten, die mich bedrohten.

Vielleicht aber weinen Sie auch, laut schluchzend oder leise, verhalten. Haben wir schon einmal daran gedacht, daß Weinen ein Geschenk sein kann? Wie gut tut es, wenn wir unserem Schmerz durch Weinen Ausdruck geben können. Mit den Tränen wird manche Bitterkeit und Verzweiflung des Herzens fortgespült.

Ich bin dankbar, daß unser Schöpfer uns Tränen gegeben hat. Ohne sie wäre ich schon oft in meinem Kummer versteinert. Mein Gesicht wäre zur Maske erstarrt. Es gibt nichts Schlimmeres, als wenn man nicht mehr weinen kann.

Darum will ich Gott danken für die Tränen der Verzweiflung. Ich will ihm danken, daß ich weinen kann. In Psalm 6, 9 schreibt David, der in seiner Not die ganze Nacht sein Bett mit Tränen geschwemmt hatte: »Der Herr hört mein Weinen.« Wie muß ihn dies getröstet haben in seinem Schmerz! Er weinte nicht in einen leeren Raum hinein. Trotz seiner Verzweiflung trug er die Gewißheit in sich, daß da einer ist, der sein Weinen hört, auch dann, wenn es den Menschen um ihn her verborgen war.

Auch unser Weinen wird gehört. Es wird gehört von dem, der uns so geschaffen hat, daß wir unserem Kummer durch Tränen Ausdruck geben können. Und Jesus Christus ermutigt uns noch mehr, indem er in der Bergpredigt sagte: »Selig seid ihr, die ihr jetzt weint; denn ihr werdet lachen« (Lukas 20, 21b). Spüren Sie die Hoffnung, die in dieser Zusage liegt? Sie galt nicht nur den Zuhörenden damals, sondern auch uns heute, uns, die wir verzweifelt weinen.

Und wenn wir nicht mehr weinen können, dann dürfen wir darum bitten, daß Gott uns Tränen schenkt.

Danke, Herr, daß ich weinen kann!

Wir haben geweint, wir werden ruhiger und versuchen, unsere Gedanken zu ordnen. Und dann kommen die Fragen.

Warum trifft es gerade mich? Warum jetzt, wo ich mitten im Berufsleben stehe oder kurz vor einer Beförderung? Wo wir gerade am Bauen sind? Wo ich noch kleine Kinder habe? Oder jetzt, wo wir als Rentner endlich einmal unser Leben genießen und viele Reisen machen wollten? Wie ungelegen kommt uns die Krankheit oder sonstige Not! Warum werden auch schon junge Leute und kleine Kinder krank, gelähmt oder behindert?

Doch unser Leid scheint uns das härteste. Wir sind noch gar nicht offen für die Not anderer. Unsere Gedanken kreisen nur um uns selbst und unsere Familie. Mehr können wir im Moment nicht aufnehmen.

Und dann kommt der Zorn, die Wut auf das Schicksal, das uns so ungerecht behandelt und hinterhältig bedroht. – Manchmal hören wir hier auf. Wir bleiben dabei stehen und fragen nicht weiter. Und diese Wut und Aggression in unserem Herzen werden schließlich schlimmer als die Krankheit selbst und zerstören uns mehr als jeder Krebs.

Ein aufrichtiger Mensch aber wird weiterfragen. Vielleicht nicht sofort, aber irgendwann. Er wird sich fragen: Was ist eigentlich *das* Schicksal?

Kann das Gott sein? Will Gott mich für irgend etwas strafen, so grübelt mancher? Oder ist es Satan, der die Menschen krank macht und leiden läßt, wie viele annehmen?

Ich kann diese Frage nicht beantworten, ob Gott oder der Teufel uns die Krankheit schickt, aber eines weiß ich, daß Gott mir in und durch die Krankheit begegnen will. Ich weiß, daß er mich gerade jetzt besonders liebt. Jetzt, wo ich hilflos bin und ihn so nötig brauche. So wie jede Mutter sich ihrem kranken Kind ganz besonders zuwenden will, wenn es das nur zuläßt und nicht störrisch den Kopf von ihr abwendet und sich zur Wand dreht. Manchmal sind wir wie solch eigensinnige Kinder. Doch Gottes

Liebe will meine Wut und mein verzweifeltes Abwenden durchdringen.

Vielleicht kommt uns dann auch die Frage: Habe ich meinem Schöpfer eigentlich schon einmal dafür gedankt, daß ich viele Jahre gesund und ohne Probleme leben durfte? Daß meine Augen fähig waren zu sehen, die Ohren hören konnten, die Beine und Hände sich bewegen und gebrauchen ließen? Habe ich gedankt, wenn ich morgens aus dem Bett aufstehen konnte und meine Arbeit tun? Habe ich das nicht alles ganz selbstverständlich genommen, so, als ob das mein gutes Recht wäre? Und nun, wo es nicht mehr so ist, bin ich zornig. Nun, wo ich plötzlich auf die Seite derer gewechselt bin, für die ich früher nur ein mitleidiges Lächeln oder ein paar Groschen für »Aktion Sorgenkind« hatte, zerfrißt mich der Groll.

Ich kann dieser Wut in mir, diesem Zorn auf die Krankheit und mein Schicksal nur eines entgegensetzen: das Wissen, daß da trotz allem ein Gott ist, der mich liebt und der mir gerade jetzt begegnen will.

Gott spricht uns zu: Kann auch eine Frau ihres Kindleins vergessen, daß sie sich nicht erbarme über den Sohn ihres Leibes? Und wenn sie es vergessen würde, so will ich doch deiner nicht vergessen. Siehe, in die Hände habe ich dich gezeichnet; deine Mauern sind immer vor mir (nach Jesaja 49, 15 +16).

Dieses Wort galt einst einer ganzen Stadt und einem Volk, den Juden. Gott hatte Jerusalem mit seinen Schutzmauern immer vor Augen; so dicht, als hätte er sie in seine Hände eingezeichnet. Dieses Bild zeigt uns, er vergißt uns nie. Es soll uns sagen: So sehr liebt Gott uns, so nahe will er uns sein. Durch Jesus gilt dieses Wort heute der ganzen Welt, auch uns – auch Ihnen.

Gott hat uns vor Augen mitsamt unseren Schutzmauern, die wir in unserer Verzweiflung um uns aufgebaut haben, mit dem Panzer, den wir um unser Herz gelegt haben und an dem die Menschen abprallen. Gott kann und will ihn durchdringen. Er liebt uns wirklich. Wollen Sie ihm Ihr Herz nicht öffnen?

Danke, Herr, daß du mich liebst!

Nun wird es Herbst
und die Blätter fallen.
Die Wege sind übersät
mit in der Sonne leuchtend bunten
und doch schmutzig verfaulenden Blättern.
Viele solch blattüberzogenen
Wege gibt es . . .
Viele Wege wollte ich schon gehen
in meinem Leben – gute und schlechte.
Wege des Glücks wünschte ich mir,
Wege voller Freude, Liebe und Sonnenschein
für mich und die meinen . . .
Doch Du, Gott, führtest mich den Weg
der Krankheit, des Schmerzes und des Leides.

Wer geht mit uns in die Tiefe unserer Not?
Wer begegnet uns in unserer Einsamkeit?
Wer kann uns verstehen in unserem Versagen –
dem Scheitern an uns selbst und anderen?
Wo soll ich meine Füße hinstellen?
Wo kann ich Halt finden?
Mein Weg liegt grau und dunkel vor mir.
Wie nur soll es weitergehen?

Herr, Du bist der Weg!
Dein Wort sagt mir dies –
und immer wieder erfahre ich es auch.
Du bist nicht ein Weg unter vielen,
sondern *der* Weg, den ich gehen kann.
Ich muß nicht mehr den Weg der Verzweiflung gehen,
wo enttäuschte Hoffnungen
zu Stolpersteinen werden, über die ich falle,
auch nicht den Weg des Selbstmitleides,
diesen nebelig trüben Pfad.
Ich darf einen neuen Weg gehen:
den Weg DIR, Herr Jesus, nach –
einen guten Weg, trotz aller Not!

Langsam wird es stiller in uns. Die Krankheit oder die Behinderung, die M.S. oder die Lähmung, gehören zu unserem Leben. Das kann gut sein. Es kann zeigen, daß wir uns mit unserer Lage ausgesöhnt haben, zu einer innerlichen Bejahung unserer Situation gefunden haben. Es kann aber auch ein Resignieren sein, ein Aufgeben – und das wäre schlimm.

Zwischen dem Annehmen der Behinderung, einer Begrenzung in unserem Leben, und zwischen einem müden »Nicht-mehr-kämpfen-Wollen« ist ein großer Unterschied. Das eine tötet, das andere schenkt Hoffnung und Leben. Nur wenn ich meine Lage angenommen habe, wenn ich mich selbst mit meinen Begrenzungen wieder akzeptiere, bin ich auch dazu fähig, das Beste daraus zu machen.

Ich muß erkennen, daß ich nach wie vor ein wertvoller Mensch bin, auch wenn manche Organe oder Glieder nicht mehr so funktionieren, wie sie sollen und ursprünglich gedacht waren. Auch dann, wenn ich im Rollstuhl sitze oder im Bett liege. Ja, auch wenn ich von jemandem versorgt und gepflegt werden muß.

Vielleicht hilft es uns, daran zu denken, daß jeder von uns seine eigenen Grenzen hat, auch ein Gesunder oder Nichtbehinderter. Die Grenzen des einen sind vielleicht weiter als die eines anderen, aber irgendwo stößt jeder an seine Grenzen. Das, worum es nun geht, ist, innerhalb meiner persönlichen Grenzen zu leben – sinnvoll, hoffnungsvoll, tapfer, mutig.

Ich bin ein wertvoller, von Gott geliebter Mensch. So wie auch ein Baby ein vollwertiger Mensch ist, obwohl es vieles noch nicht kann: z. B. nicht selbst essen, nicht reden, nicht gehen. Verachten wir es darum? Nein, wir kümmern uns um es und helfen ihm. Es ist keine Schande für das kleine Kind, Hilfe anzunehmen; ebenso ist es keine Schande für uns, Hilfe anzunehmen, wo wir es nötig haben.

Doch wie komme ich zu dieser Einstellung? Nur dann, wenn ich den Wert eines Menschen nicht nach seiner Leistung bemesse, auch wenn es in unserer Gesellschaft so üblich ist. Unser Wert liegt darin, daß wir von Gott gewollt und geschaffen sind – auch wenn unsere Kräfte nachlassen, auch wenn unser äußerlicher Leib zerfällt.

Mitten in unserer leistungsorientierten Welt, die nur auf das Sichtbare sieht, dürfen wir erleben, daß es auch einen inneren, unsichtbaren und unzerstörbaren Menschen gibt. Paulus sagt es uns in der Bibel so: »Darum werden wir nicht müde; sondern wenn auch unser äußerer Mensch verfällt, so wird doch der innere von Tag zu Tag erneuert« (2. Korinther 4, 16).

»Wir werden nicht müde«, das heißt wir geben nicht auf, wir resignieren nicht. Denn wir bestehen nicht nur aus diesem Leib, den man sieht, diesem jetzt kranken und behinderten Körper. In uns ist Geist und Leben, das Gott geschaffen hat – und dieser innere Mensch kann gesund sein und wachsen, wenn wir es nur wollen und zulassen. Auch wenn Leib und Seele leiden, ist dies möglich.

So kommt es, daß ein leidender Mensch in Israel sagte und in einem Lied vertonte: »Wenn mir gleich Leib und Seele verschmachtet, so bist du doch, Gott, allezeit meines Herzens Trost und mein Teil« (Psalm 73, 26).

Verstehen wir? Er sagt das nicht leichtfertig, oberflächlich, sondern aus tiefstem Schmerz und Erleben heraus. Er ruft es auch uns heute zu, Ihnen und mir: Gott will unser Trost und unsere Hoffnung sein! Wir dürfen geborgen sein, weil wir ihm so wertvoll sind und er uns liebhat. Wir dürfen getröstet sein mitten im Zerbruch.

Danke, Herr, daß ich ein wertvoller Mensch für dich bin!

Herr Jesus,
ich bin vor Dir wie ein aufgeschlagenes Buch.
Nur Du verstehst es zu lesen.
Nur Du verstehst damit richtig umzugehen.
Die Menschen überblättern die wichtigsten Seiten,
oder sie zerreißen sie gar,
sie verstehen nicht, was darin geschrieben steht,
aber Du, Herr, verstehst.

Herr Jesus,
ich möchte gern ein leeres, offenes Buch für Dich sein, –
bereit, um von Dir beschrieben zu werden.
Bitte, nimm meine Angst und die Sorgen,
bitte, nimm die Zweifel hinweg.
Bîtte, befreie mich vom Stachel des Leides:
dem Groll und der Verbitterung,
von dem Kreisen um mich selbst,
von der Maske, die ich trage,
von den Mauern, die ich zum Schutz um mich
aufgerichtet habe.
Bitte befreie mich von mir selbst.
Bitte schreibe Du die verkehrten Seiten neu,
radiere aus, was Dir nicht gefällt.
nimm mich fest in Deine guten Hände,
verändere, verbessere, gestalte um.
Bitte fülle mich ganz mit Deiner Liebe,
damit ich weitergeben kann an andere
und keinen, dem ich begegne, leer zurücklasse.

Herr Jesus,
gern bin ich vor Dir wie ein aufgeschlagenes Buch.

Vielleicht haben wir unsere momentane Situation angenommen, und doch bleiben viele Fragen: Werde ich wieder gesund? Oder wird meine Krankheit chronisch verlaufen und immer schwerer werden? Wird meine Lähmung nach dem Unfall nie mehr zurückgehen? Wie wird es in ein paar Monaten oder Jahren mit mir aussehen? Die Angst vor dem Siechtum, die Angst davor, in ein Pflegeheim zu müssen, keinen Menschen mehr zu haben oder den Liebsten zur Last zu fallen, kann uns schwer belasten. Dies kann uns zu Boden drücken. Oder die Angst vor dem Alleinsein nach einer Scheidung oder einem Todesfall. Wie werde ich zurechtkommen, materiell, finanziell und seelisch? Was wird aus meinen Kindern?

Vielleicht mag für heute etwas Ruhe in unser Herz gekommen sein. Wir haben den Tag ganz gut bewältigt, was aber wird morgen kommen – oder gar übermorgen? Was bringt die Zukunft? Wie wird es da sein? Gerne würden wir den Schleier lüften. Doch es ist uns nicht möglich. Haben wir schon einmal daran gedacht, daß das vielleicht sogar gut ist? Daß es leichter für uns ist, nicht zu wissen, was die nächste Zeit bringen wird, um Kraft für das Heute zu haben?

Oh, wie kenne ich dieses Grübeln um Dinge der Zukunft. Was wird aus . . . ? Eine kurze Erkrankung oder sonstige Not können wir noch besser verkraften. Aber eine lange Wegstrecke erschreckt uns. Halte ich das durch?

Ich halte es sicher nur dann durch, wenn ich selbst gehalten werde. Ein Stück weit können uns Menschen ein Halt sein. So war es auch mir eine große Hilfe und ein Ansporn, durchzuhalten, daß die Liebenzeller Schwester sich meiner und meiner Kinder annahm, meine Situation mit mir trug. Ich fing wieder an, Menschen zu vertrauen, wo ich zuvor keinem mehr mein Vertrauen schenken konnte, weil mich gerade die Liebsten, die, die mir nahestanden, im Stich gelassen haben.

Doch der Halt, den ein lieber Mensch für uns sein kann, geht nur bis zu einer gewissen Grenze. Gott will uns noch ganz anders festhalten. Er bittet uns: Vertrau' mir doch! Er will uns die Angst vor der Zukunft nehmen.

Darum versichert uns der König David, der viel Schweres in seinem Leben durchmachte, Verfolgung und Not litt: ». . . deine rechte Hand (Gott) hält mich« (Psalm 63, 9). Die rechte Hand, das ist normalerweise die kräftige, starke. Diese Hand Gottes versagt nicht. Wenn wir sie ergriffen haben, kann nichts uns aus ihr reißen. Wir sind geborgen wie ein Kind an der Hand des Vaters.

An anderer Stelle in den Psalmen heißt es: »Der Herr hält alle, die fallen . . .« (Psalm 145, 14). Ja, Gott will unser Halt sein! Darum wird er in der Bibel als Fels, als Burg, als Hort bezeichnet. Alles Dinge, die Schutz darstellen, etwas Festes und Sicheres.

Und Gott will uns helfen, in der Gegenwart zu leben, damit wir unsere ganze Kraft darauf verwenden können. Er sagt uns, daß wir nicht für den morgigen Tag sorgen sollen, weil er da immer noch der gleiche ist. Nichts wird geschehen, was ihm nicht bekannt ist, und kein Haar wird von unserem Kopf fallen ohne seinen Willen. Kann er uns noch deutlicher sagen, daß wir uns nicht zu fürchten brauchen?

Nur das Heute gehört uns. Und nur das Heute sollen wir mit Gottes Hilfe bewältigen. Wenn man uns alle Nahrung, die wir im nächsten Jahr essen müssen, auf einmal servieren würde mit der Aufforderung: »Das mußt du in zwölf Monaten gegessen haben«, dann würden wir uns angewidert abwenden und sagen: »Das schaffe ich nie, soviel zu essen!« Doch wenn man uns nur drei Mahlzeiten am Tag vorsetzt, schaffen wir es normalerweise gut. Wir bewältigen auch das andere.

Heute wollen wir mit unserer Einschränkung fertig werden. Heute, jetzt, in dieser Stunde wollen wir unsere Schmerzen aushalten. Am heutigen Tag wollen wir die Dunkelheit unserer Seele ertragen, die Einsamkeit erdulden, die Demütigung hinnehmen, vieles nicht (mehr) zu können. Heute halten wir die Untersuchung durch, da wagen wir die Operation, die Bestrahlung oder Chemotherapie. . . . der morgige Tag wird für das Seine sorgen. Es ist genug, daß jeder Tag seine eigene Plage hat«, sagt uns Jesus Christus (Matthäus 6, 34).

Wollen Sie diesen Weg mit mir gemeinsam gehen und im Heute leben? Es ist ein Kampf. Doch er lohnt sich.

Danke, Herr, daß ich mich nicht vor der Zukunft zu fürchten brauche, weil du morgen ebenso da bist wie heute!

In einer Krisensituation, in der wir uns vielleicht gerade befinden, überdenken wir oft unser ganzes Leben. Da bricht auch die Frage auf: Was habe ich falsch gemacht? Wo hätte ich anders handeln sollen? Was habe ich versäumt? Wo wurde ich schuldig? Wie kann ich etwas gutmachen?

In gesunden Tagen stellen wir uns solche Fragen seltener. Da halten wir uns vielleicht für nicht besser und nicht schlechter als andere auch – und das genügt uns. Wer kann uns schon etwas vorwerfen? Sind wir nicht nur uns selbst und höchstens noch der Familie und der Verwandtschaft verpflichtet? Allenfalls noch dem Chef und den Sportkollegen. Vor ihnen stehen wir doch tadellos da.

Wir haben vielleicht eine intakte Ehe, versorgen unsere Kinder gut, verdienen unser Geld auf ehrliche Art und Weise und lassen auch unsere Nachbarn leben. Alles funktioniert. Wir können uns auf die Schulter klopfen. Auch Gott bekommt bei uns sein Recht. Da ist man getauft und konfirmiert, meist auch kirchlich getraut, geht zu Weihnachten und Ostern in die Kirche und nimmt hin und wieder sogar am Abendmahl teil. Viele wissen heute fast nichts mehr von Gott, aber sie nehmen an, daß sie schon gut genug sind, um einmal in den Himmel zu kommen – wenn sie überhaupt an den Himmel glauben und nicht an Seelenwanderung und anderes. Gott wird eine kleine Ecke unseres Lebens reserviert, gerade soviel, daß er uns nicht stört, aber dazusein hat, wenn man ihn um etwas bittet. Doch in unseren Alltag lassen wir ihn nicht herein.

Niemals kommt uns der Gedanke, daß das Schuld ist, oder, wie die Bibel sagt, Sünde. Doch dann kommt die Not, die Krankheit bedrängt uns – und unser Gewissen, das bisher so schön geschwiegen hat, fängt auf einmal an zu reden. Und wenn wir es nicht gleich mit Wut und Haß auf Gott zum Schweigen bringen, hat es uns auch manches zu sagen.

Kennen Sie das? Auch ich habe es so erlebt. Da standen sie

vor mir, die vielen falschen Dinge, die ich getan, gesagt und gedacht habe, die großen und kleinen täglichen Verfehlungen. Die Dinge, um die niemand weiß, die man nur selber kennt. Die Lügen und Unehrlichkeiten, der Neid, das Verurteilen und Geringschätzen anderer, der Zorn, dem man immer wieder erliegt, ganz gleich, ob man ihn laut hinausschreit oder verbissen in sich frißt. Da standen sie vor mir, der Groll und die Bitterkeit meines Herzens – auf Gott und auf Menschen. Immer mehr zeigte mir mein plötzlich wachgerütteltes und überführtes Gewissen. Unwichtige Kleinigkeiten in meinem Leben hatte ich viel zu wichtig genommen und Dinge, die ich hätte tun sollen, hatte ich als unwichtig abgetan. Meine Prioritäten waren völlig falsch gesetzt. Da klagte es mich an, das Gute, das ich hätte tun können und sollen und oft versäumt habe. Mein Maßstab war immer ich selbst und mein eigenes Wohlergehen gewesen – und dann kam der andere. Natürlich sah das nach außen hin anders aus. Aber in Wahrheit war es so.

Es ist schwer, sich die eigene Ichbezogenheit einzugestehen. Man will sie nicht wahrhaben. Aber ist es nicht so? Zuerst komme ich und dann noch einmal ich – und dann die anderen. Und wie oft hat man heimlich etwas mitgehen lassen an Werbegeschenken der Firma. Warum nicht? Es tun doch alle? Das kann man wohl kaum stehlen nennen? Doch jetzt, wo wir Zeit haben, um nachzudenken, quälen uns diese Dinge und klagen uns an. Nun erkennen wir, daß wir oft vor den Menschen eine Rolle gespielt haben und in Wirklichkeit ganz anders sind, wie der kleine Clown in der Manege, der immer lacht und in Wahrheit tieftraurig ist.

Doch für die, die wirklich über ihr Versagen traurig sind, die es als Schuld erkennen, die begreifen, daß unser eigenwilliges Leben ohne nach Gott und seinen Maßstäben zu fragen Sünde ist, für die gibt es einen Weg. Die Bibel sagt uns: »Wenn wir aber unsere Sünden bekennen, so ist Gott treu und gerecht, daß er uns die Sünden vergibt und reinigt uns von *aller* Ungerechtigkeit« (1. Johannes 1, 9).

Das heißt, wenn wir das, was wir falsch gemacht haben, das, was uns innerlich bewußt ist und quält, vor Gott aussprechen, es ihm sagen, dann vergibt er uns. Er kann dies tun, weil sein Sohn Jesus Christus für unsere Schuld am Kreuz gelitten und bezahlt hat. Sein Blut floß für alle Menschen dieser Erde und all ihre Vergehen. Wer dies annimmt und sein Leben Gott und dem Herrn Jesus anvertraut, für den gilt: »Das Blut Jesu, seines Sohnes, macht uns rein von *aller* Sünde« (1. Johannes 1, 7). Von aller Sünde, das heißt, nichts, das wir ehrlich bereuen, ist ausgenommen.

Dies nennt die Bibel Bekehrung. Ich bin zu Gott umgekehrt. Als Folge davon bekomme ich ein neues Herz, eine neue Gesinnung. Die Bibel nennt das Wiedergeburt. Wie ein kleines Kind von seiner Mutter geboren wurde, so werde ich jetzt von Gott neu geboren. Ich darf ganz neu anfangen, jeden Tag – immer wieder, auch dann, wenn ich schon lange Christ bin. Gott wird mich durch seinen Heiligen Geist befähigen, nach seinem Willen leben zu wollen.

Dies hört sich vielleicht sehr kompliziert an für jemanden, der sich wenig mit der Bibel beschäftigt hat. Es ist aber nicht schwer zu tun. Es bedarf nur eines Willensentschlusses von mir: »Herr, verzeih mir meine Schuld, und nimm mich als dein Kind an. Mein ganzes Herz und Leben soll DIR gehören!«

Wenn die Krankheit uns dahin bringt, daß wir Gott suchen und uns als Sünder erkennen, dann ist sie nicht umsonst. Wenn unsere Behinderung uns dazu bewegt, unser Leben und unser Handeln zu überdenken und, wo es nötig ist, mit Gottes Hilfe zu ändern, dann wird sie uns zum Segen. Dies kann mir auch geschehen, wenn mein Herz schon lange Gott gehört. Die Krisensituation, in der ich mich befinde, kann mir Dinge bewußtwerden lassen, die ich bislang nicht als falsch erkannte. Da sehe ich vielleicht plötzlich, wie oberflächlich mein Leben auch als wiedergeborener Christ noch ist, wie sehr meine Beziehung zu Gott eine Vertiefung benötigt. Da erkenne ich, daß mein Glaube neu mein Handeln prägen muß, und ich spreche vielleicht die Zeilen eines Liedes eines unbekannten Verfassers als Gebet: »Mach, was klein DIR (Gott), mir klein, was DIR groß ist, mir groß . . .«

Danke, Herr, daß du mir meine Schuld vergibst!

Ein neues Herz – ist das nicht das, was viele von uns sich wünschen? Nicht nur die, deren Organ in der Brust erkrankt ist, deren Herz nicht mehr recht arbeitet, das mit Angina-pectoris-Anfällen und Infarkten streikt, nein, auch die, die merken: Ich bin oft so gefühllos, erstarrt – Gott und Menschen gegenüber. Ich brauche Erneuerung. Erneuerung meines Denkens, Redens und Tuns.

Unsere körperliche Not kann uns die innere zu Bewußtsein bringen. Und wenn wir dann, wie ich es im letzten Kapitel schrieb, zu Gott zurückgefunden haben und die Vergebung durch Jesus Christus annehmen, dann geschieht wirklich etwas Neues. »Ist jemand in Christus, so ist er eine neue Kreatur; das Alte ist vergangen, siehe, Neues ist geworden« (2. Korinther 5, 17).

Wenn wir plötzlich krank werden oder behindert, dann ist vieles in unserem Leben Vergangenheit. Viele Dinge, die wir gerne taten, können wir jetzt nicht mehr tun. Bei dem einen sind es vielleicht nur geringere Einschränkungen: Er muß lange Spaziergänge aufgeben, eine bestimmte Sportart, das Tanzen oder andere Hobbys, oder ein Arbeitsloser kann sich manches nicht mehr leisten. Beim anderen sind es größere Einschränkungen: Er kann nicht mehr gehen, nicht sehen, verstehen, lesen oder hören, sich nicht mehr selbst anziehen, waschen und versorgen, vielleicht nicht einmal mehr selbst essen oder Zähne putzen.

Es ist schwer, wenn so Altes, uns Liebgewordenes vergeht. Wir lassen nur schwer los. Wir können nicht glauben, daß noch einmal Neues entsteht. Ist nicht alles aus und vorbei? Was bleibt denn noch übrig; was soll aus unseren schwachen Kräften noch Positives werden können? Und doch, es wird Neues aufwachsen.

Wenn die Bäume im Winter kahl und leer dastehen, aller Frucht, die sie trugen, beraubt, und dann noch kräftig zurückgestutzt werden, dann können wir kaum glauben, daß diese Bäume noch einmal ausschlagen und grünen werden. Doch sie tun es. Und sie grünen nicht nur, sie blühen und bringen Frucht, sogar mehr als vor dem Zeitpunkt, an dem sie beschnitten wurden. Auch unser krankes, behindertes, eingeschränktes, beschnittenes Leben bedeutet nicht das »Aus«. Wenn wir es nur wollen und zulassen, wird es grünen, blühen und Frucht bringen. Neues wird entstehen. Vielleicht ganz anders als bisher, aber doch nicht schlechter, nur weil es uns ungewohnt ist.

Neues aber kann nur entstehen, wenn wir das Alte loslassen, hergeben und uns dann neu beschenken lassen. Wenn wir immer nur in der Vergangenheit leben und uns an dem festklammern, was wir verloren haben, was wir nicht mehr können, dann werden wir das Neue weder sehen noch in Empfang nehmen können. Dann wird es uns genauso schlechtgehen, wie wenn wir immer in der Angst und Sorge vor der Zukunft leben. Heute will uns Gott beschenken.

Es bleibt die Frage: Traue ich Gott das zu, glaube ich das, vertraue ich ihm, daß in meinem Leben noch etwas geschehen kann und wird – oder habe ich aufgegeben? Ich darf versichern, es ist wahr: Genauso wie wir innerlich neu werden, wenn wir uns Jesus Christus anvertraut haben, werden wir auch andere Dinge erfahren, wenn wir das Frühere loslassen und offen sind für Gottes neuen Weg mit uns. Genauso wie Gott uns verändert, wenn wir ihm gehören, wird sich auch unsere momentane, uns vielleicht ausweglos erscheinende Situation zum Guten hin verändern, wenn wir es zulassen und erkennen, was Gott mit und durch uns trotz unserer Einschränkungen, trotz unserer geringen Kräfte tun kann.

Wollen Sie nicht auch diesen Weg beschreiten? Wollen Sie Gott bitten, daß er Ihnen hilft, Altes loszulassen? Schämen Sie sich nicht, wenn sie dabei weinen müssen. Weinen Sie ruhig über den Schmerz des Verlustes, der Sie getroffen hat. Auch ich weinte über das viele, das ich nicht mehr kann. Doch nach dem Weinen geht es weiter. Und vergessen wir es nicht: Weinen ist ein Geschenk.

Danke, Herr, daß ich weinen kann!

In Jesu Liebe geborgen
heute und morgen,
in Sein Erbarmen gehüllt,
mein Wünschen gestillt,
in IHM tiefe Ruh
und Frieden dazu!

Der Körper klagt: müde,
ich kann nicht mehr,
die Gedanken sind trübe
und langsam und schwer.
Doch IHM überlassen,
willig und gern,
da durchzieht mich Freude,
tiefe Freude im Herrn.
Völlig ergeben:
Sein Wille ist gut!
So kann ich leben,
heilig ist, was Gott tut.
Darüber bete ich IHN an,
erfahre tiefes Glück,
fasse es kaum,
alle Not weicht zurück.
Frei, des Körpers Fesseln offen.
Frei, um wieder neu zu hoffen.
Frei, um auf den Herrn zu schauen.
Frei, zum völligen Vertrauen.

In Jesu Liebe geborgen
heute und morgen,
in Sein Erbarmen gehüllt,
mein Wünschen gestillt,
in IHM tiefe Ruh
und Frieden dazu.

Nun, ich bin mir bewußt, daß es Menschen geben wird, oder auch deren Angehörige, die sagen: »Nein, über diesem Leben steht ein endgültiges Aus! Da ist kein neuer Weg mehr möglich. Da kann einfach keine Frucht mehr in irgendeiner Weise entstehen – weder für Gott noch für Mitmenschen. Dieses Leben ist endgültig zerstört.«

Welch eine Tiefe des Schmerzes mag hinter einer solchen Aussage stecken. Es kann auch wirklich so scheinen. Dennoch möchte ich daran festhalten, daß es von Gottes Sicht her anders aussieht. Auch solch ein Mensch und solch ein Leben hat für Gott einen Sinn. Vielleicht erkennen wir diesen Sinn nicht. Doch einmal im Himmel werden wir ihn wissen. Ich glaube zutiefst, daß es für Gott kein sinnloses Dasein gibt für einen Menschen, der ihm vertraut.

Und wenn Sie, lieber Kranker oder Behinderter, die Sie dies lesen, vielleicht traurig den Kopf schütteln und sagen: »Das Neue, von dem die Autorin im vorigen Kapitel sprach, ist in meinem Leben nicht zu finden. Da ›grünt‹ nichts, da ist alles leer, kahl, tot. Da entsteht keine Frucht mehr!« Dann möchte ich Ihnen zusprechen: »Ja, vielleicht sieht es so aus, von Ihrer Sicht der Lage her, vielleicht scheint es vom menschlichen Standpunkt aus gesehen so. Aber Gottes Maßstab ist anders!«

Wenn Gott unser Leben erhalten hat, so daß wir noch auf dieser Erde sind, nicht bei einem schweren Unfall starben, noch nicht unserer schweren Krankheit erlagen, dann tat er das nicht willkürlich und grundlos, sondern aus Liebe. Dann tat er es, weil unser Dasein auf dieser Welt für ihn einen Sinn hat; wenn dieser auch uns selbst und Menschenaugen verborgen ist.

Wir sollten nicht bei uns selbst und anderen nach für alle sichtbarer Frucht suchen, um damit zu rechtfertigen, daß wir selbst oder ein anderer Mensch noch leben. Nein, wir leben, weil Gott will, daß wir in diesem Moment noch hier auf dieser Erde sind. Alles andere dürfen wir getrost ihm überlassen. Sonst kommen wir Behinderten in das Leistungsprinzip der Gesunden – und das ist schlimm.

So bemerke ich oft folgende Abstufung. Da gibt es den »gewöhnlichen« Querschnittsgelähmten, der noch relativ viel tun kann, oft sogar in den Arbeitsprozeß wieder eingegliedert wird. Er ist gesellschaftlich noch etwas angesehen. Ihm wird von der überwiegenden Mehrheit noch eine Lebensberechtigung zugebilligt. Ebenso auch dem Blinden oder Schwerhörigen. Dann kommt der chronisch Kranke mit M.S., Rheuma oder Gicht. Irgendwo dazwischen befinden sich die vielen psychisch erkrankten Menschen. Danach wird der auch an Armen und Händen Gelähmte, der sogenannte Pflegefall, eingeordnet, der Schlaganfallkranke; der, der völlig auf die Hilfe anderer angewiesen ist. Im untersten Bereich der »Liste« stehen Kranke und Behinderte, die unästhetisch anzusehen sind, und der geistig Behinderte, bei dem es auch wieder viele Abstufungen der Behinderung gibt.

Wer gibt uns das Recht, solche Einteilungen vorzunehmen? Wer setzt hier die Maßstäbe? Gott sieht es ganz anders. Jeder Mensch, der lebt, darf wissen, daß er lebt, weil Gott es will und noch eine Aufgabe für ihn hat. Jeder, der einen Schwerkranken, einen schwer körperlich oder geistig Behinderten pflegt, darf wissen, daß dieser Mensch von Gott gewollt und für ihn wertvoll und wichtig ist. Zu seiner Zeit wird Gott den leidenden Menschen zu sich nehmen; dann, wenn seine Aufgabe erfüllt ist.

Eine Gesellschaft, in der die Behinderten schon vor der Geburt selektiert werden und die ihren Schwerkranken den Gnadentod anbietet, verroht. Sie beraubt sich eines großen Segens. Sie geht moralisch zugrunde.

Wie anders handelt Gott: »Was töricht ist vor der Welt (die geistig Schwachen und Behinderten), das hat Gott erwählt . . ., damit er zuschanden mache, was stark ist (und sich etwas darauf einbildet). Das Geringe vor der Welt und das Verachtete hat Gott erwählt, das, was (vor Menschen) nichts ist, damit er zunichte mache, was etwas ist . . .« (zitiert nach 1. Korinther 1, 27 + 28; Erklärungen in Klammern sind von der Verfasserin hinzugefügt).

Darüber dürfen wir uns freuen. Wenn wir auch weinen, weil wir uns so unwert und als nicht gebraucht empfinden, weil wir uns selbst nur als Last sehen; Gottes Maßstab darf uns unendlich froh und getrost machen. Und wenn wir es nicht mehr erfassen können, dürfen die, die uns versorgen, dafür danken.

Danke, Herr, daß ich gebraucht werde!

Danke, Herr, daß meine Mutter oder der Vater, die Schwester oder der Bruder oder Tante oder Onkel, die ich pflege, mein Kind, das sich selbst nicht versorgen kann, von DIR gewollt, geliebt ist – und gebraucht wird!

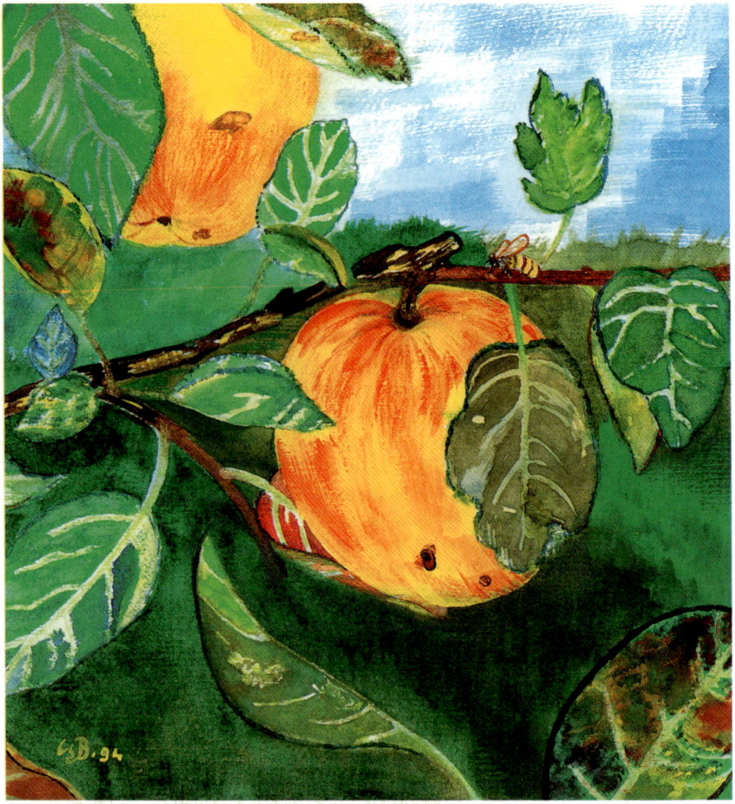

Jeder von uns sehnt sich im Tiefsten nach einem sinnerfüllten Leben. Viele meinen es gefunden zu haben: in ihrer Ehe, den Kindern, der Arbeit, dem Hobby, ihrer schönen Wohnung, dem Auto, den jährlichen Urlaubsreisen, Mode, Schmuck oder sogar im Besitz eines treuen Hundes oder sonstigen Haustieres. Das alles kostet Geld, und darum wird das Leben dafür genutzt, um dieses Geld zu bekommen. Andere kämpfen für eine Ideologie oder eine politische Überzeugung und sehen darin ihren Lebenssinn. Oft verdrängen wir auch die Frage nach dem Sinn unseres Daseins völlig. Erst wenn wir in eine Krise kommen, ändert sich das.

Jetzt, wo vieles zusammenbricht, wo eine Krankheit oder Behinderung alle unsere Maßstäbe durcheinanderbringt, unsere Ziele verhindert, fragen wir uns ernstlich: Ist das, was ich bisher als meinen Lebensinhalt angesehen habe, wirklich der Grund, auf den ich alles aufbauen kann? Versagen meine Kinder nicht als Lebenssinn, wenn ich ihnen plötzlich nicht mehr das sein kann, was ich wollte; wenn sie mich im Krankenhaus oder Altenheim alleine lassen und kaum einmal besuchen; mich einfach vergessen? Wofür, bitte schön, habe ich dann gelebt?

Was nützt mir ein Auto, das ich nie mehr fahren werde, ein Tier, das ich nicht mehr versorgen kann, und die Erinnerung und alte Fotos von glücklicheren Tagen, die ich einmal im Urlaub hatte? Alles gerät durcheinander – und manchmal schreien wir innerlich auf. Worin liegt denn nun wirklich der Sinn unseres Lebens? Worin liegt der Sinn, wenn uns all die Dinge, auf die wir gebaut haben, genommen werden? War es gut und richtig, daß ich dem Konsum, dem Geld, dem Verdienst solch großen Raum in meinem Leben gegeben habe? Was bleibt mir nun denn noch, wenn mein Erspartes für meine Behinderung oder einen Pflegeheimplatz verbraucht wird?

Viele sehen nun das Leid, das sie trifft, als den Anfang vom Ende. Dabei soll und kann es ganz anders sein: Meine Not kann das Ende einer Selbsttäuschung sein und der Anfang eines neuen, sinnerfüllten Daseins. Menschlich gesehen ist das vielleicht undenkbar und unmöglich, aber »bei Gott ist kein Ding unmöglich.« So sagt es der Engel zu Maria (Lukas 1, 37), als er ihr, die mit keinem Mann intim war, ein Kind verheißt und sie erstaunt fragt: »Wie soll das zugehen?«

Vielleicht greift Gott gerade in dieser Sinnkrise ganz sacht nach unserer Hand. Und wenn wir uns bei der Hand nehmen und führen lassen, verändern sich unmerklich unsere Ansichten. Wir erkennen dann vielleicht, worin wirklich der Grund unseres Menschseins liegt. Es ist so leicht und fällt uns doch so schwer zu begreifen: Gott hat uns geschaffen, damit er uns mit seiner Liebe und Gnade beschenken kann und wir diese Liebe durch uns hindurchströmen lassen zu anderen. Die Bibel sagt es uns ganz schlicht: »Du sollst den Herrn, deinen Gott, lieben von ganzem Herzen, von ganzer Seele und von ganzem Gemüt. Dies ist das höchste und größte Gebot. Das andere aber ist dem gleich: Du sollst deinen Nächsten lieben wie dich selbst« (Matthäus 22, 37–39).

Ist das unmöglich für uns? Brauchen wir dazu Gesundheit? Können wir das nur, wenn wir alle unsere Glieder recht bewegen und gebrauchen können? Nein! Dies ist uns möglich – sogar mit körperlicher, geistiger oder psychischer Behinderung. Autofahren können wir vielleicht nie mehr. Wenn unser Lebenssinn darin läge, dann könnten wir kein erfülltes Dasein mehr haben. Wie froh bin ich, daß der Sinn unseres Daseins eben nicht in solchen Dingen liegt. Gottes Liebe ergreifen, das kann ich tun. Seine Gnade anzunehmen, das ist mir möglich. Und diese Liebe, die mir geschenkt wird, weiterzugeben, dafür habe ich manche Möglichkeit. Da genügt ein Lächeln, ein dankbarer Blick, ein gutes Wort, wenn ich noch sprechen kann.

Unser Herr Jesus konnte das noch am Kreuz. Er konnte es in den größten Schmerzen, der tiefsten Erniedrigung, der äußersten Hilflosigkeit. Wohl fragte er Gott, warum dieser ihn verlassen habe; aber er sprach noch *mein* Gott! Und noch einmal: *mein* Gott! Wie liebte er seinen himmlischen Vater. Und wie liebte er die Menschen. Für die, die ihn kreuzigten, die ihn verspotteten und höhnten, die um seine Kleider losten, bat er: »Vater, vergib ihnen, denn sie wissen nicht, was sie tun!« Gibt es eine größere Liebe? Zu seinem Jünger Johannes sprach er, daß dieser seine Mutter zu sich nehmen und sich um sie kümmern sollte. Und einem der Raubmörder, der mit ihm gekreuzigt wurde, versprach er das ewige Leben, als dieser seine Schuld bekannte und ihn darum bat. Er fluchte nicht, er lästerte nicht, er liebte!

Welch ein sinnerfülltes Leben, ein sinnerfülltes Leiden und Sterben! Dies will Gott auch uns schenken – Ihnen und mir! Welch eine große Aufgabe. Die Menschen um uns her hungern nach Liebe. Vieles, was in dieser Welt geschieht, ist ein einziger Schrei nach Liebe.

Wenn wir diesen Lebenssinn gefunden haben, dann haben wir eine Freude mitten im tiefsten Leid. »Die Freude am Herrn ist (nun) unsere Stärke« (Nehemia 8, 10). Wenn wir diesen Lebenssinn gefunden haben, dann durchzieht ein neuer, tiefer Friede unser Herz, ein »Friede, der höher ist, als alle Vernunft« (Philipper 4, 7). Der menschliche Verstand, losgelöst von Gott, will uns einreden: »Dein Leben ist zu Ende. Es hat jetzt keinen Wert mehr. Es ist sinnlos.« Gott schenkt uns mit seinem Frieden die Gewißheit: »Dein Leben hat einen tiefen Sinn. Dein Leiden ist eine Aufgabe, deine Behinderung eine Herausforderung, die du mit meiner Kraft bewältigen kannst!« Mit diesem Glauben können wir leben und sterben. Gott und unsere Mitmenschen zu lieben, das macht uns glücklich, auch uns, die wir meinen, nicht mehr froh werden zu können!

Danke, Herr, daß ich in dir den Sinn des Lebens fand! Danke, daß ich wieder Freude haben, lachen und dir mein Lob singen kann!

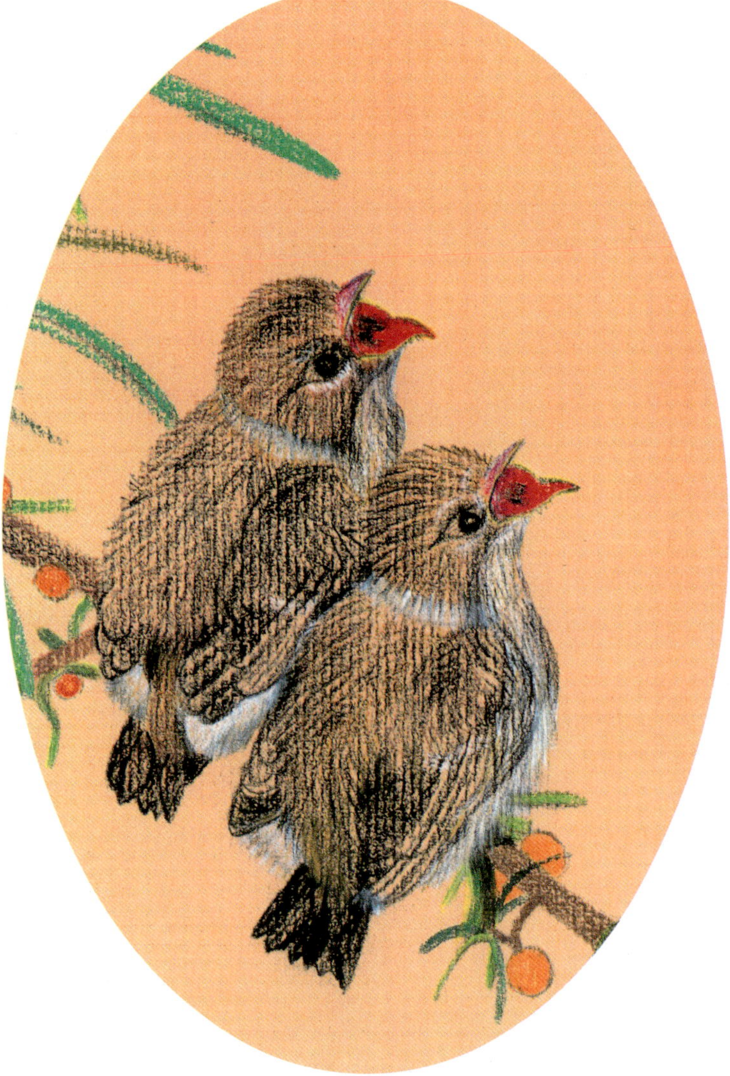

Manchmal sagen mir Menschen, daß sie nicht mehr oder fast nicht mehr glauben können, daß ihr Glaube am zerbrechen sei. Durch das Schwere, das sie erleben, ist alles Vertrauen zu Gott fast ausgelöscht; wie ein Feuer, das nicht mehr brennt, weil es mit immer mehr Unrat zugedeckt wird. Manchmal sind dies Menschen, die noch niemals im Tiefsten begriffen haben, was Glaube eigentlich ist, und nur ein oberflächliches religiöses Leben führten. Oft aber sind es auch aufrichtig Gläubige, die in so eine Krise kommen. Auch ich habe schon in meiner Not geseufzt: Herr, ich kann nicht mehr glauben. Ich bin am Ende meiner Kraft. Ich verstehe dich nicht mehr!

Müssen wir Gott denn verstehen? Wir wollen es freilich gerne; aber ist es nötig, um ihm vertrauen zu können? Kann ich nur an das glauben, das ich begreife? Sicher nicht. Ich gehe täglich mit Dingen um, die ich nicht bis ins letzte verstehe und denen ich mich dennoch anvertraue. Verstehen Sie Ihr Auto bis ins Detail? Oder sämtliche Ihrer Küchenmaschinen, den Fernseher, das Radio usw.? Warum wollen wir Gott und sein Handeln verstehen? Ist es darum, weil wir ihn irgendwie in den Griff bekommen wollen, diesen Gott, der so viel höher ist als wir selbst? Wie wollten wir einem dreijährigen Kind alle unsere Entscheidungen erklären? Das wäre unmöglich. Von Gott aber erwarten wir, daß er uns alles erklärt.

Nein, daß ich Gott nicht verstehe, ist kein Grund, daß mein Glaube zerbricht oder erlischt. Gott will dies verhindern. Im Alten Testament steht eine Vorhersage auf den kommenden Messias der Juden, auf Jesus. Um deutlich zu machen, wer und wie er sein wird, sagt uns Gott: Er – Jesus – wird so sein, daß er das geknickte Rohr nicht zerbricht und den glimmenden Docht nicht auslöscht (Jesaja 42, 3).

Was für einen Sinn haben ein geknicktes Rohr, eine geknickte Ähre, eine geknickte Blume? Wir brechen sie ab und werfen sie weg. Nicht so unser Herr. Gott zerbricht einen geknickten Menschen nicht, sondern richtet ihn auf. Und welchen Sinn hat ein glimmender Docht? Er raucht nur noch, und sein Feuer ist aus. Wir löschen ihn darum ganz. Nicht so unser Gott. Er entzündet die Flamme neu und läßt das Feuer wieder hell lodern.

Auch wenn wir selbst uns aufgeben, – unser Gott gibt uns nicht auf. Auch wenn wir als psychisch Erkrankte oft denken: Es ist kein Glaubensfunke mehr da. Ich bin von Gott verlassen und verworfen. Nein! Ganz entschieden nein! So ist Gott nicht. Er richtet uns schwankendes Rohr im Winde auf. Er entzündet unser Glaubenslicht neu. Er heilt und verbindet. Er führt, »die da sitzen in der Finsternis, aus dem Kerker« (Jesaja 42, 7b). Auch die, die in der Finsternis ihres kranken Gemütes und in dem Kerker ihrer vor Schmerz angegriffenen Psyche gefangen sind.

Und dieser, unser Gott, spricht uns zu: »Und nun spricht der Herr, der dich geschaffen hat, . . . (und hier dürfen wir unseren eigenen Namen einsetzen), und dich gemacht hat . . .: Fürchte dich nicht; denn ich habe dich, . . ., erlöst; ich habe dich, . . ., bei deinem Namen gerufen; du bist mein!« (Jesaja 43, 1).

Dies gilt auch Ihnen, lieber kranker oder behinderter Leser, wenn Sie es annehmen; dies gilt Ihnen, der Sie vom liebsten Menschen verraten und verlassen wurden und sich so wertlos fühlen. Sie dürfen die folgende Zusage für sich ganz persönlich nehmen: »Du bist in meinen Augen so wertgeachtet und auch herrlich, weil ich dich liebhabe.« (Jesaja 43, 4).

Die Liebe sieht immer nur das Wertvolle und Schöne am anderen, auch wenn sie seine Schwächen und Fehler, seine Unvollkommenheit erkennt. So liebt uns Gott, auch wenn wir selbst Mühe haben, uns mit unserem behinderten Körper oder unserem kranken Gemüt, mit unserem zerbrechenden und erlöschenden Glauben selbst zu akzeptieren. In Gottes Augen sind wir wertgeachtet und herrlich.

Danke, Herr, daß du mich aufrichtest und meine Glaubensflamme neu entfachst!

Wie dunkel ist es heut' in mir,
o lieber Herr, ich flieh zu Dir.
Ich kann keinen Weg mehr sehn,
Deine Führung nicht verstehn;
es bleibt mir nur, zu schrein:
Herr Jesus, erbarme Dich mein!

Alles scheint mir heut' zu schwinden
und ich vergeh in meinen Sünden,
der Zweifel hat mein Herz gewonnen
und alle Hoffnung ist zerronnen.
Es bleibt mir nur zu schrein:
Herr Jesus, erbarme Dich mein!

Ach, wie die Stürme um mich umtoben,
kein Lichtstrahl kommt mir mehr von oben.
Ich sehe nicht mehr Gottes Walten,
der Satan scheint mich festzuhalten.
Es bleibt mir nur zu schrein:
Herr Jesus, erbarme Dich mein!

Doch Jesus ist und bleibt der Sieger,
auch über Hölle, Teufel, Tod,
ja, ich fass' und glaub' es wieder:
Er befreit aus aller Not.
Ja, Er hört gewiß mein Schrein,
und Er, mein Herr, erbarmt sich mein!

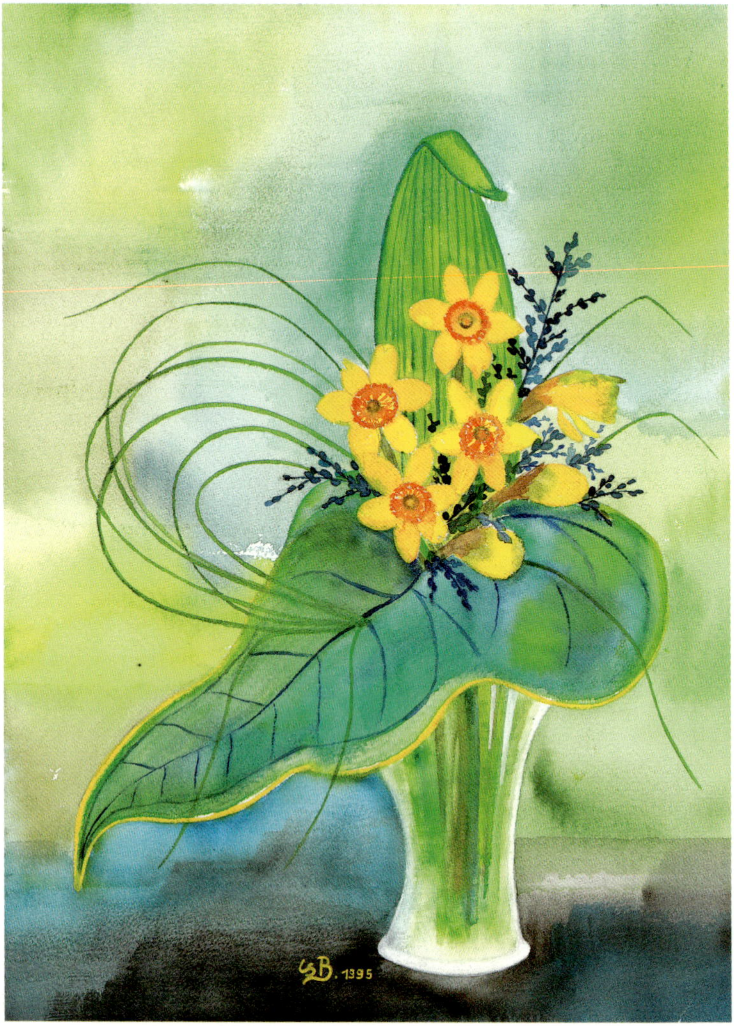

Wir haben gelitten und geweint in der letzten Zeit, jetzt sind wir innerlich ruhiger. Vielleicht haben wir erkannt, daß wir immer noch geliebt, gewollt, angenommen sind und gebraucht werden, daß wir immer noch und gerade jetzt ein sinnvolles Leben führen dürfen. Doch manche Frage bleibt – und manche Angst.

Eine Angst verbergen wir oft tief in uns. Mit keinem sprechen wir darüber. Vielleicht versuchen wir sie zu verdrängen. Und wenn wir sie doch einmal andeuten, dann merken wir, daß unsere Umwelt nicht darauf reagieren kann und will, daß jeder sie kennt, aber kaum einer darüber spricht. Es ist die Angst vor dem Tod, die uns plötzlich unmittelbar bedrängt.

Früher hat diese Angst unser Leben nicht beherrscht. Die Frage nach dem Tod klammerten wir einfach aus unserem Denken aus. Und wenn wir doch einmal an die Vergänglichkeit des Lebens erinnert wurden, durch einen Unfall, der ganz in unserer Nähe geschah, durch eine schwere Krebserkrankung in unserer Bekanntschaft, dann dachten wir wohl an *den* Tod, aber nicht an *unseren*. Diese Verallgemeinerung half uns, die Sache aus der Ferne zu betrachten. Nun aber rückt sie plötzlich in unsere Nähe. Nun rückt sie in den Bereich des Möglichen. Das macht uns angst.

Da ist einmal das Sterben selbst. Wie wird es sein? Wird es weh tun? Wir haben nur eine unklare Vorstellung davon, was in den letzten Stunden unseres Lebens mit uns geschieht. Vielleicht haben wir einmal Berichte von Wiederbelebten gelesen oder von Angehörigen gehört, wie sie das Sterben einer geliebten Person beschrieben. Doch was nützt uns das? *Wir* werden sterben, und bei uns wird es vielleicht ganz anders sein.

Und dann, wie ist es nach dem Tod? Darüber kann man nun wirklich nichts Genaues wissen, so denken wir vielleicht. Alles, was darüber geredet, geschrieben oder erzählt wird, ist doch nur Spekulation. Werden wir einfach aufhören zu existieren? Kann das sein? Tief im Innern spüren wir, daß wir das nicht glauben können, selbst wenn wir bisher so dachten. Doch was wird dann mit uns geschehen? Stimmt die These der Wiederverkörperung, an die so viele glauben? Werden wir im Kreislauf von Werden und Vergehen immer neu geboren, um irgendwann ins Nirwana, ins Nichts, einzugehen? Selbst wenn wir dies früher glaubten, im Angesicht unseres eigenen Todes spüren wir die Lächerlichkeit, uns vorzustellen, daß wir im nächsten Leben als Spinne oder Maus wiedergeboren werden könnten.

Oder gibt es vielleicht doch einen Gott? Und wenn ja, was wird er tun? Wird er Rechenschaft von uns fordern für Dinge, die wir falsch gemacht haben? Gibt es gar eine Hölle, wie wir als Kinder gelehrt wurden? Und wenn ja, wer kommt hinein? Es muß weitergehen in einer anderen Welt. Wir wollen es. Wir wünschen es uns. Wir ahnen es. Wir wollen nicht einfach aufhören zu existieren. Es genügt uns nicht, in unseren Kindern und Enkeln weiterzuleben, wenn wir vielleicht auch früher so gedacht haben. Aber da ist diese Angst. Die Angst vor einem Gott, den ich vielleicht mein ganzes Leben lang abgelehnt habe. Doch wie könnten wir darüber mit unseren Angehörigen reden. Sie würden uns genausowenig verstehen, wie wir es selbst früher nicht verstanden hätten.

Wir wollen darüber reden und wollen es doch nicht. Wir wünschen, daß uns jemand anspricht, dem wir unsere Ängste sagen könnten, aber wir wären entsetzt, wenn es tatsächlich jemand wagen würde. So tun wir lächelnd, als würden wir die Möglichkeit, daß wir an unserer Behinderung oder Krankheit sterben können, gar nicht in Betracht ziehen.

Wie oft höre ich von Angehörigen, die einen lieben Menschen verloren haben, daß jener überhaupt nicht geahnt habe, daß er sterben muß, und daß er bis zum letzten Augenblick glaubte, er würde weiterleben. Ich finde das traurig, wenn es wirklich so war; aber ich fürchte, jene Angehörigen täuschen sich gewaltig, und der Sterbende wußte sehr wohl um seinen nahen Tod. Doch er konnte und durfte darüber nicht reden.

Es ist wie mit einer Münze. Sie hat zwei Seiten. Wenn sie nur auf einer Seite geprägt wäre, so wäre sie wertlos und ungültig. Auch zum Leben gehören zwei Seiten. Die eine ist mein Dasein bis zum Tod, die andere ist mein Dasein danach. Leben und

Sterben gehören zusammen. Ich kann mein Leben nur recht leben und verstehen, wenn ich auch um das weiß, was auf der anderen Seite steht.

Ich selbst war schon mehrmals am Rande des Todes, und ich habe manche Erfahrung damit gemacht. Doch darüber möchte ich hier nicht schreiben. Zum einen, weil dies zum Teil heilige Erfahrungen mit meinem Gott waren, in die ich keinen Dritten schauen lassen möchte, zum anderen, weil Ihnen meine Erfahrungen gar nichts nützen. Sie würden sie hören wie die Erfahrungen von manchen anderen, und vielleicht würden Sie mir sogar glauben. Aber Sie brauchen eine sichere Grundlage, um darauf im Sterben bauen zu können.

Nur Einem können wir glauben. Einem, der von der jenseitigen Welt wiedergekommen ist, um uns zu zeigen: So wie er, unser Herr Jesus Christus, auferstanden ist und lebt, werden auch wir einmal leben! Ihm dürfen wir glauben, weil er der Sohn Gottes ist, der nicht lügt, wie es die verstorbenen »Geister« tun, die die Spiritisten und Wahrsager befragen. Jesus war nicht nur scheintot und wurde wiederbelebt, sondern er lag bis zum dritten Tag nach seinem Tod im Grabe. Er ist der einzige, der uns sagen kann, wie es jenseits der Todeslinie aussieht. Und, ich möchte es einmal betonen, er, der nie gelogen hat, belügt uns auch hier nicht.

Jesus sagt uns, daß wir nach dem Tode weiterleben. Was wir fühlen, stimmt; wir hören nicht auf zu existieren. Und wir werden da leben, wofür wir uns hier in diesem Leben entschieden haben. Wer Gott gehören möchte und ihn liebt, wird in Gottes Nähe, dem Himmel, sein. Wer nicht an Gott glauben will und die Vergebung durch Jesu Blut leugnet, der wird im Bereich dessen leben, dem hier sein Leben schon gehörte, dem Satan und der Hölle, in ewiger Verdammung und Finsternis.

Jesus sagt uns, daß es einmal ein großes Gericht Gottes geben wird, vor welchem alle Menschen erscheinen müssen. Und sie werden danach beurteilt, was sie in diesem Leben an Bösem oder Gutem getan haben und woran sie geglaubt haben. Den einen wird Jesus sagen: »Was ihr an euren Mitmenschen getan habt, aus Liebe zu mir, habt ihr mir getan. Kommt zu mir in den Himmel!« Den anderen wird er sagen: »Die Not der Menschen

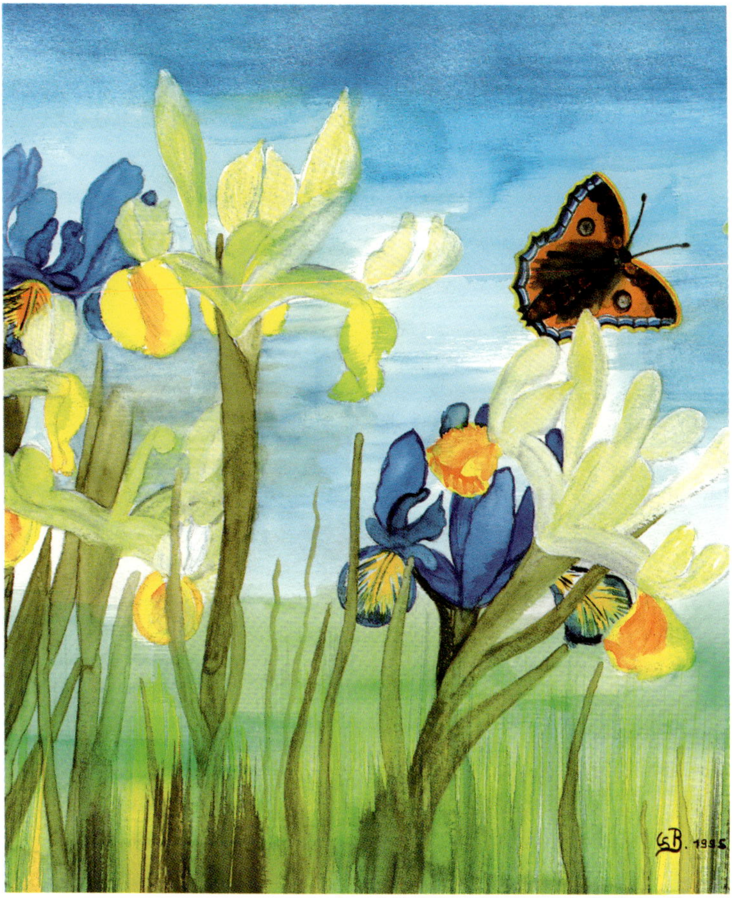

um euch her war euch egal; weicht von mir, die ihr soviel Böses tatet.«

Doch alle unsere guten Taten wiegen die Sünde, die auch in dem besten Leben war, nicht auf. Wir brauchen Vergebung. Wenn ich mir durch Jesus meine Sünden habe vergeben lassen, dann darf ich auch einmal in seiner Nähe leben. Wenn ich an sein stellvertretendes Leiden am Kreuz für all meine Bosheit glaube, dann komme ich zu ihm in die himmlische Herrlichkeit und ins Licht. Darum verheißt uns Gott: Wer den Namen Jesu anruft, der wird gerettet! So wurde selbst der Raubmörder am Kreuz gerettet, der keine Möglichkeit mehr hatte, noch ein besseres Leben zu führen. Das ist wahre Vergebung.

Die Bibel spricht nicht viel über den Ort derer, die ohne Vergebung gestorben sind, die nicht an Gott glaubten. Doch sie sagt uns, daß es dort schrecklich sein wird. Das genügt mir! Und es wird keine Möglichkeit mehr zur Umkehr geben, keine Möglichkeit, doch noch in den Himmel zu kommen. Das ist keine Angstmacherei von Pfarrern, wie manche denken, sondern schlicht und einfach eine Tatsache, die Gott uns in seinem Wort, der Bibel, mitteilt.

Wie aber wird es im Himmel sein? Es wird so sein, daß unsere menschliche Sprache zur Beschreibung nicht ausreicht. So herrlich, daß kein Auge auf der Erde so etwas Schönes jemals gesehen hat. Und denken wir einmal an die vielen Schönheiten, die unsere Welt bietet. So herrlich, daß kein Ohr jemals etwas so Wunderbares vernommen hat. Und welche Vielfalt von Tönen, welch wundervolle Musik haben wir hier auf Erden. Und doch ist das nur der Abglanz der himmlischen Herrlichkeit. Wir werden wirklich sein wie die Träumenden. Und wir werden einen neuen, wieder voll funktionsfähigen Körper bekommen. Wir Gelähmten werden wieder springen wie ein Hirsch. Wir Entstellten werden hübsch sein. Und niemals mehr werden wir Schmerzen haben – weder körperliche noch seelische. Uns wird nicht mehr übel sein, weil wir viele Medikamente nehmen müssen oder unsere Organe nicht mehr richtig funktionieren.

Ich könnte hier noch lange fortfahren. Die Bibel erzählt uns, daß wir nie mehr Dunkelheit haben werden, sondern für immer Licht; daß es eine goldene Stadt, das neue Jerusalem, geben wird, das zwölf große Perlentore hat und Grundmauern aus Diamanten. Das soll Schönheit und Vollkommenheit ausdrücken. Es wird keine Sünde mehr geben, keinen Streit, keinen Neid, keinen Haß, keinen Mord. Nur eine ganz große Liebe, die uns für immer umgibt. Wie könnte es auch anders sein, wenn Gott und der Herr Jesus mitten unter uns ist. Viele christliche Liederdichter haben das besungen: »Wenn nach der Erde Leid, Arbeit und Pein ich in die goldenen Gassen zieh' ein, wird nur das Schaun meines Heilands allein Grund meiner Freude und Anbetung sein. Das wird allein Herrlichkeit sein, wenn frei von Weh ich sein Angesicht seh' ...«

Solche Hoffnung habe ich in meinem Herrn gefunden – und diese Hoffnung, die er mir in der Bibel bezeugt, möchte ich an Sie weitergeben.

Wenn Sie es noch nicht getan haben, dann kommen Sie doch zu Jesus. Er stößt keinen von sich weg, sondern sagt: »Kommet her zu mir alle, die ihr mühselig und mit vielen Lasten beladen seid; ich will euch erquicken« (Matthäus 11, 28). Dies gilt auch Ihnen. Der Herr Jesus ruft Sie gerade jetzt. Vielleicht hat er Sie schon manches Mal gerufen, und Sie konnten und wollten nicht hören. Nun bietet er Ihnen noch einmal das ewige Leben an. Er bietet Ihnen an, daß Sie nach dem Tode einmal bei ihm im Himmel sein dürfen. Ist das nicht etwas Großes? Es ist so leicht, aufrichtig zu sagen: »Ja, Herr, ich komme zu dir mit meiner Last!« Nicht wahr, das kann man noch, wenn man ganz schwach ist und keine Kraft mehr hat.

Nun spricht die Bibel uns zu: »Wer an den Sohn Gottes glaubt, der hat das ewige Leben.« Vorher stand über unserem Leben: »Wer dem Sohn Gottes nicht gehorsam ist, der wird das Leben nicht sehen, sondern der Zorn Gottes bleibt über ihm« (Johannes 3, 36). Nun dürfen wir uns freuen: Jesus gibt uns das ewige Leben, und wir werden nimmermehr umkommen, und niemand wird uns aus seiner Hand reißen. Das wird uns im Evangelium des Johannes, Kapitel 10, Vers 28, verheißen.

Nun haben wir einen Grund gefunden, in dem wir unser Lebensschiff verankern können. Einen Grund, den niemand uns mehr nehmen kann. Einen festen und sicheren Halt, der auch die Krise des Sterbens besteht. Das andere Ufer ist jetzt nicht mehr unbekanntes furchteinflößendes Land, sondern ein sicherer Hafen, in dem Jesus uns erwartet, ein Ort der Herrlichkeit und des Lichts. Und Sie, liebe trauernde Mutter, wissen jetzt vielleicht: Mein von mir gegangenes Kind lebt! Es lebt dort bei Gott froh und glücklich – und einmal werden wir uns wiedersehen.

Danke, Herr, ich werde leben!

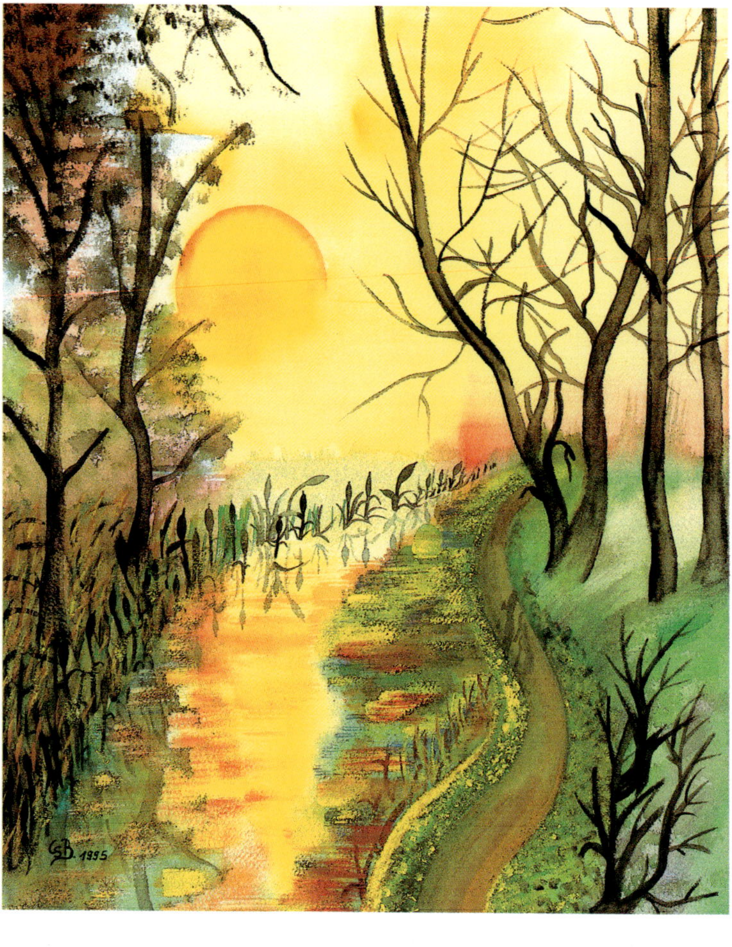
GB. 1995

Vielleicht haben Sie über diesen Ausführungen ein wenig Mut gefaßt und neue Hoffnung; vielleicht fanden Sie etwas Trost darin oder gar das ewige Leben in Jesus Christus. Vielleicht aber weinen Sie noch immer.

Ich möchte Sie ermutigen: Weinen Sie ruhig. Weinen Sie allen Schmerz aus sich heraus. Sagen Sie die Wahrheit. Sagen Sie Gott, wie Sie sich fühlen. Wenn es sein muß, schreien Sie Ihre Not gegen den Himmel, schleudern Sie sie wie Pfeile gegen Gott. Vielleicht würde dies, wozu ich Sie hier ermutige, manche Christen empören. Darf man Gott »anschreien«?

Ich meine ja, allerdings, indem ich mir noch meiner Stellung als Geschöpf gegenüber dem Schöpfer bewußt bin. In der Bibel wird uns immer wieder erzählt, wie Menschen dies taten. Sie sagten Gott ehrlich, wie sie sich fühlten. Die Psalmen – Gedichte und Lieder der Juden früher – zeigen uns dies. Da wurde nichts beschönigt. Da nannten die Beter Enttäuschung Enttäuschung, Wut Wut, Zorn Zorn. Da gaben sie zu: Herr, ich scheitere fast an dir! Da fragten sie: Warum gerade ich, wo ich an dich, Gott, glaube? Warum geht es den Gottlosen so gut? Da fragt ein Nehemia, warum er so früh sterben muß, obwohl er nach Gottes Willen gelebt hat. Da beklagt sich Hiob, daß Gott scheinbar grundlos zu seinem Feind wird. Da bekennt ein Thomas seine Zweifel an der Auferstehung Jesu offen.

Darum dürfen auch wir es tun. Darum müssen wir keine fromme Show spielen und immer lachen, sondern dürfen weinen. Nur eine Linie verbindet alle Psalmen. Die Beter wenden sich mit ihren Gefühlen und Gedanken an Gott. Ihm sagen sie ihre Not. Das ist die richtige Adresse.

Gott schätzt nichts so sehr wie Wahrheit. Er sagt uns: »Die Wahrheit wird euch freimachen!« (Johannes 8, 32). Es ist ihm wichtig, daß wir durch und durch wahrhaftig sind. Doch wenn wir die Psalmen aufmerksam lesen, werden wir sehen, daß etwas Seltsames geschieht. Vor unseren Augen verwandelt sich die

Ansicht des Beters. Seine ausgesprochene Wut wird gestillt, und er glaubt an Gottes Eingreifen. Seine Verzweiflung wird zu Gelassenheit und Ruhe, seine Trauer zu Hoffnung, seine Not zu Lob und Dank, seine Zweifel zu Glauben. Die Wahrheit hat ihn frei gemacht. Nun kann er auf Gott hören und bekommt eine andere Sichtweise der Dinge. Genau dies will Gott auch uns schenken.

Darum dürfen wir unseren Schmerz hinausweinen, müssen uns unserer Tränen nicht schämen. Darum kann ich diesem Buch den Titel geben: »Danke, daß ich weinen kann!« Weinen ist ein Geschenk. Wahrhaftig sein zu dürfen ist ein Geschenk! Ehrlich sein zu können vor dem lebendigen Gott ist ein Geschenk. Wenn wir unsere Gefühle verdrängen und nicht verarbeiten, schaden wir uns selbst am meisten. Das ist keine Bewältigung.

Möge Gott Ihnen einen Menschen schicken, der mit Ihnen weint. Paulus sagt zu uns Christen: »Weint mit den Weinenden« (Römer 12, 15b). Das heißt für mich: Tragt ihren Schmerz mit. Verurteilt sie nicht, und tröstet sie nicht mit oberflächlichen Worten und Durchhalteparolen. Vermittelt nicht den Eindruck, daß ein Christ immer froh sein muß! Nein, von Jesus selbst wird uns berichtet, daß er mehrmals weinte über Dinge, die ihm innerlich weh taten.

Doch das Weinen währt nur den Abend lang, so steht es in Psalm 30, 6b, aber des Morgens ist Freude. Auch für Sie wird es einen Morgen geben, an dem Sie sich wieder freuen können, spätestens am Auferstehungsmorgen in der ewigen Herrlichkeit im Licht.

Danke, Herr, daß ich weinen darf!

Dieses Büchlein ist mit vielen Aquarellen bebildert. Sie sollen Sie erfreuen. Manche Blumensträuße, die man im Krankenhaus bekommt, kann man gar nicht genießen, weil sie weit weg stehen und man an seinem Nachttisch keinen Platz dafür hat. Manche Frau hat schon jahrelang keinen Blumengruß mehr bekommen. Die »Blumensträuße« in diesem Buch sind unverwelklich und ganz in Ihrer Nähe. Sie sollen ein Zeichen des Gedenkens sein; wie jeder Blumenstrauß, den man bekommt. In diesem Fall möchte ich das Gedenken Gottes an Sie persönlich ausdrücken. Die Bibel versichert uns: Der Herr denkt an uns und segnet uns! (Psalm 115, 12). Dies möchte ich Ihnen durch jeden gemalten Blumenstrauß sagen.

Warum, so fragte ich mich kürzlich, male ich so gerne Blumen in der Vase? Ich denke, weil sie mir etwas symbolisieren: Sie sind abgebrochen, aus ihrer natürlichen Umgebung genommen, verletzt, tödlich getroffen, doch sie erfreuen uns und schenken Freude, bis sie verblühen. Und selbst, wenn wir sie wegwerfen, so bleibt ein Hauch ihres Duftes an unseren Händen.

Zum anderen möchte ich mit meinen Aquarellen ausdrücken, wie herrlich Gott die Welt geschaffen hat, wie wunderbar die unterschiedlichen Formen und Farben. Ich freue mich so, daß es Farbe gibt als einen Ausdruck der Vielfalt des Schöpfers. Wie schade wäre es, wenn wir unsere Welt nur grau in grau wahrnehmen könnten. Als ich einmal von einem Krankenhausaufenthalt zurückkam, wo kaum Farben im Raum waren und nur das Weiß vorherrschte, hatte ich einen richtigen »Farbenhunger«. Ich konnte mich fast nicht sattsehen an den vielfarbigen Blumen in unserem Garten. Seither danke ich Gott ganz neu für mein Augenlicht, das mir geblieben ist.

Durch das Malen spricht Gott auch zu mir, und manches wird mir deutlich. So ist mir einmal ein Bild besonders gelungen. Da mußte ich mir vorstellen, wie es wäre, wenn jetzt jemand käme und das unter so viel Mühe gemalte Bild zerstören würde. Wie

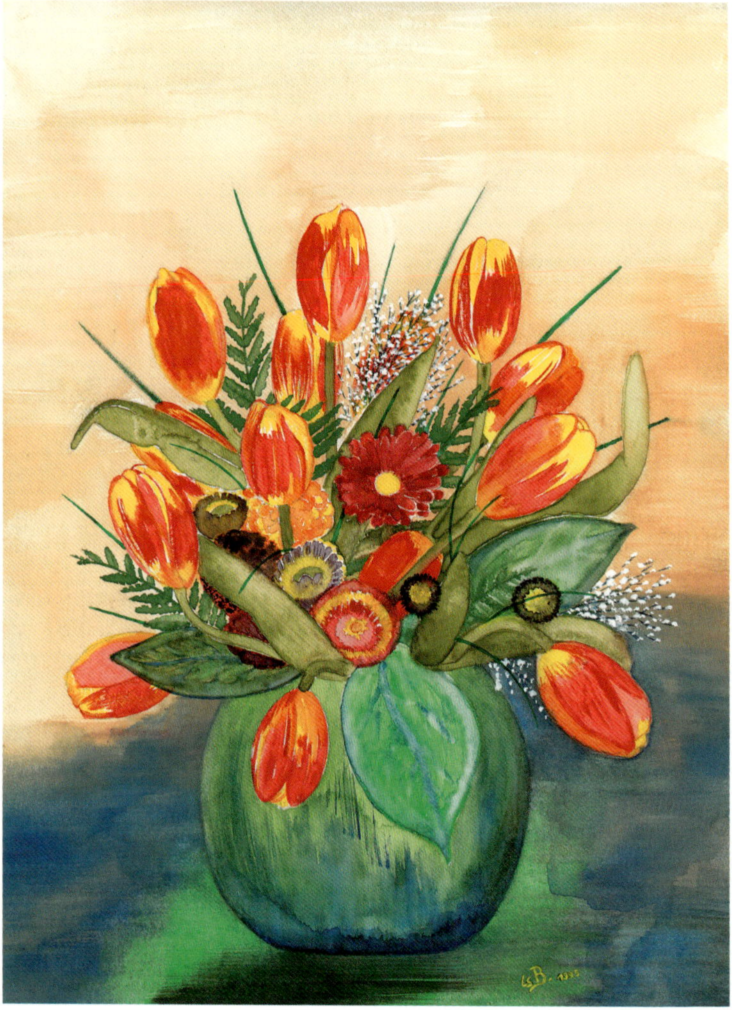

wäre ich da traurig. Was aber tun wir mit Gottes wunderbar gelungener Schöpfung? Und noch schlimmer, mit den Menschen, die nach seinem Bilde geschaffen sind? Wir zerstören und reißen ab, anstatt aufzubauen.

Mit meinen Bildern und den hier geschriebenen Zeilen wollte ich aufbauen, Mut machen, trösten. Nur Falsches, Verkehrtes soll eingerissen werden. Sie sollen spüren: Gott denkt an mich und will mich segnen!

Am Ende eines jeden Abschnittes danke ich bewußt für eine Sache. Ich benutze hier stets das Wort Herr und meine damit Jesus Christus, den Sohn Gottes, meinen Herrn. Ich wollte Sie damit hineinnehmen in den Dank an Gott, der auch noch im tiefsten Leid erklingen kann.

Danke, Herr, daß ich danken kann!

Ein weiteres Buch von Christine Brötzmann

Christine Brötzmann

Wunder auf meinem Weg

112 Seiten, Bestell-Nr. 58 130

Viele christliche Autoren berichten von Wundern in ihrem Leben, die sie mit Jesus erfahren haben, von Gebeten, die erhört wurden. Kranke berichten über ihre wunderbare Heilung.
Die Autorin, langzeitkrank und leidend, wurde bis heute von Gott nicht geheilt. Dennoch kann sie von Wundern Gottes in ihrem Leben berichten. Er hat ihr die Augen geöffnet für die vielen kleinen Wunder am Rande des Weges. Jede Blume, jeder Grashalm, jeder Schmetterling und jeder Vogel stellt ein Wunder Gottes dar.
Wunder erleben bedeutet, die Güte und Freundlichkeit Gottes zu erfahren. Christine Brötzmann berichtet, wie wunderbar der Herr einen Menschen führen kann, dessen Leben mit menschlichen Augen gemessen so wenig Lebensqualität bietet.
In diesem Buch werden Sie mit hineingenommen, die Wunder Gottes in Ihrem eigenen Leben zu entdecken.
Die Gedichte und Zeichnungen unterstreichen diese Biographie eindrucksvoll und anschaulich.

Bitte fragen Sie in Ihrer Buchhandlung nach diesem Buch!

Bernd Wetzel (Hg.)

Zwischen Hoffen und Bangen

Ehrliche Berichte aus dem Leben

64 Seiten, Bestell-Nr. 77 721

Menschen aus verschiedenen Berufsgruppen berichten offen von den Sorgen und Nöten, die in ihr Leben kamen, ein Leben zwischen Hoffen und Bangen. Sie standen vor dem Abgrund, doch dort begann die Wende. Sie fanden das echte Fundament: Ein Leben, das von Gott geführt und getragen wird. Hier lesen Sie, wie Gott in den Alltag eines Menschen eingreift und ihn ganz praktisch seine Hilfe erfahren läßt.

Peter Hoeft

Gott macht's gut

Erlebnisse aus dem richtigen Leben

72 Seiten, Bestell-Nr. 77 704

Ehepaare, die zum Teil jung, zum Teil schon lange verheiratet sind, erzählen, wie ihr Leben und ihre Ehe sich verändert haben, als sie in einer Krisensituation Gott ganz praktisch in ihren Alltag mit einbezogen. Gott gibt durch Schwierigkeiten oft neue Möglichkeiten, wie diese mutmachenden Berichte und Anregungen, es mit Gott zu wagen, bezeugen.

Bitte fragen Sie in Ihrer Buchhandlung nach diesen Büchern!